FRANCISCO LIMA NETO

ILUSTRAÇÕES
EDUARDO VETILLO

HAMILTON
Hamilton Naki

1ª edição – Campinas, 2022

"Agora que tudo veio à tona eu posso ser feliz. A
luz se acendeu e a escuridão se foi."
(Hamilton Naki)

Hamilton Naki foi um homem de extrema inteligência e um autodidata talentoso. Para entender melhor sua história e a importância de seu legado, é preciso voltar no tempo e observar a sociedade daquele momento.

Hamilton nasceu em 26 de junho de 1926, em uma pequena aldeia na África do Sul, um país com forte presença de brancos europeus, responsáveis pela colonização do território até 1910. Mesmo depois de conquistar independência em relação à Inglaterra, os povos nativos continuaram convivendo com desigualdades. O acesso às grandes cidades e aos melhores empregos era dificultado pelos europeus que ali viviam. Sua família era pobre e se sustentava com muito sacrifício.

Foi nesse ambiente, sem direitos e sem esperança, que Hamilton viveu praticamente toda a sua existência. Embora enfrentasse inúmeras dificuldades, ele conseguiu concluir os primeiros anos da escola. No entanto, aos 14 anos o menino precisou abandonar os estudos e se mudar para a Cidade do Cabo em busca de trabalho.

Em sua primeira oportunidade de emprego, tornou-se jardineiro na Universidade da Cidade do Cabo, que até hoje é considerada uma das melhores instituições de ensino do país.

Sua juventude e força possibilitaram que em pouco tempo Hamilton fosse transferido para outro setor, a Escola de Medicina. Lá ele tomava conta de jaulas de cães e porcos, que eram usados como cobaias. Em seguida, passou a auxiliar nas cirurgias desses animais. Na época, esse tipo de procedimento era comum e ocorria para colaborar com os estudos de laboratório.

Embora a vida do jovem Hamilton parecesse progredir, aquele era um tempo em que toda a comunidade negra era reprimida. O país vivia o *Apartheid*, regime político que durou de 1948 a 1994. Nesse período, o governo criou leis para separar as pessoas negras das pessoas brancas. O acesso à saúde, à educação e a melhores oportunidades de trabalho era um privilégio das pessoas brancas. As pessoas negras viviam em piores condições e sequer podiam votar ou andar por determinados lugares. Todas as lutas a favor dos direitos da população negra eram combatidas com extrema violência e milhares de pessoas foram mortas.

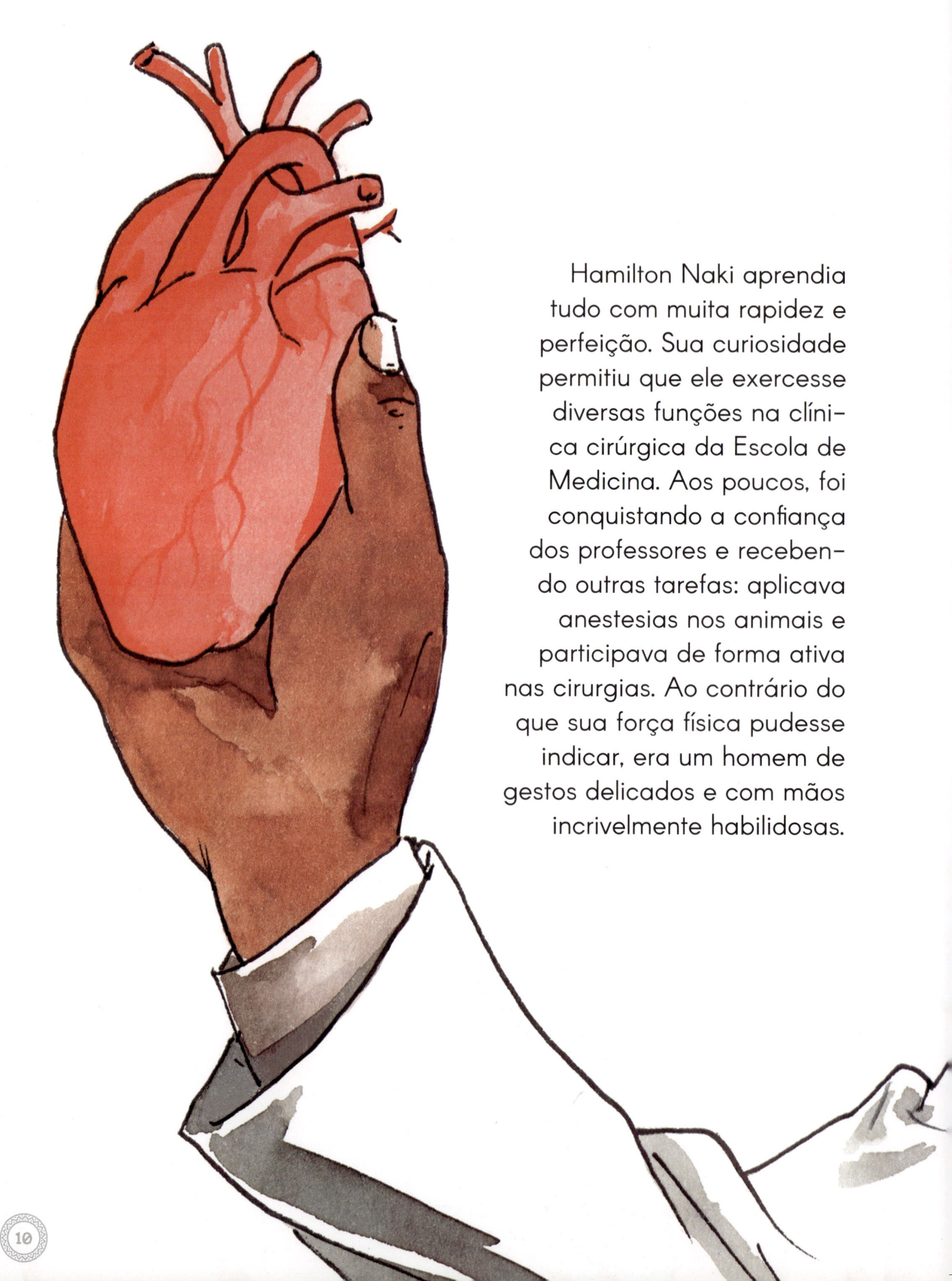

Hamilton Naki aprendia tudo com muita rapidez e perfeição. Sua curiosidade permitiu que ele exercesse diversas funções na clínica cirúrgica da Escola de Medicina. Aos poucos, foi conquistando a confiança dos professores e recebendo outras tarefas: aplicava anestesias nos animais e participava de forma ativa nas cirurgias. Ao contrário do que sua força física pudesse indicar, era um homem de gestos delicados e com mãos incrivelmente habilidosas.

Sua competência logo chamou a atenção do médico Christiaan Barnard, que o requisitou para auxiliar sua equipe. Hamilton, por ser uma pessoa negra, não podia fazer intervenções cirúrgicas em pacientes ou tocar no sangue de pessoas brancas. Ainda assim, tornou-se técnico do laboratório de pesquisa.

O seu talento era extraordinário, e ele conseguiu uma permissão especial para continuar suas pesquisas em cirurgia experimental, incluindo transplantes. Ele ajudava os jovens cirurgiões durante os procedimentos. Mesmo registrado como jardineiro e faxineiro, recebia o salário de técnico de laboratório, o mais alto que o hospital podia pagar a uma pessoa sem diploma.

Hamilton se tornou um excelente cirurgião, mas de forma ilegal, pois as leis da época não permitiam que um homem negro fosse médico. Ele era tão bom no que fazia que passou a dar aulas de técnicas cirúrgicas para os estudantes de medicina e para os recém-formados. Ele testava, pesquisava e criava novas técnicas.

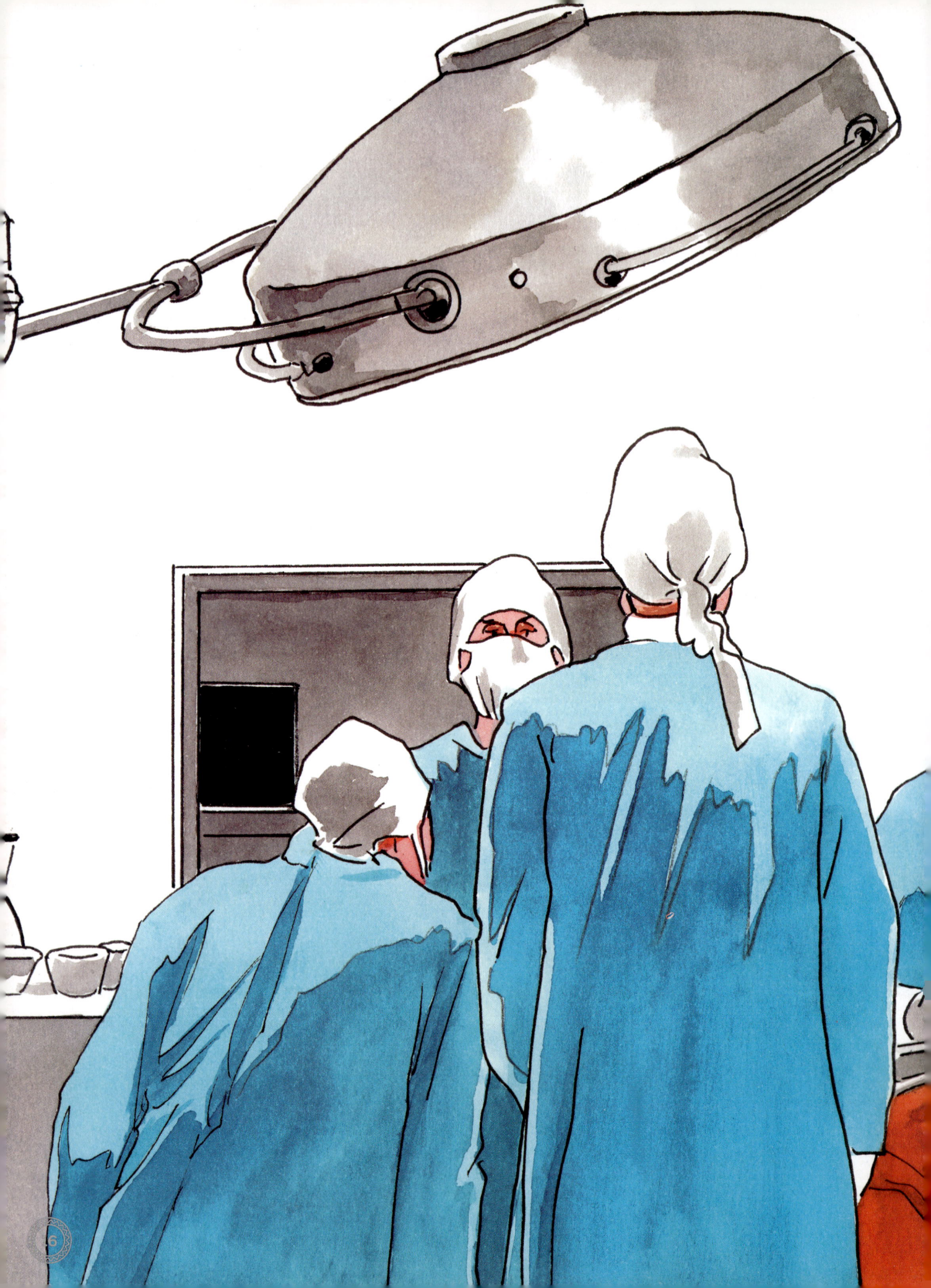

Em 1967, participou do maior desafio de sua carreira: realizar o primeiro transplante bem-sucedido de um coração humano. Hamilton foi chamado pelo médico Christiaan Barnard, coordenador da equipe de cirurgiões, que o deixou responsável pelo trabalho fundamental de retirada do coração da doadora Denise Darvall, o que exigia muita técnica e habilidade para preservar o órgão.

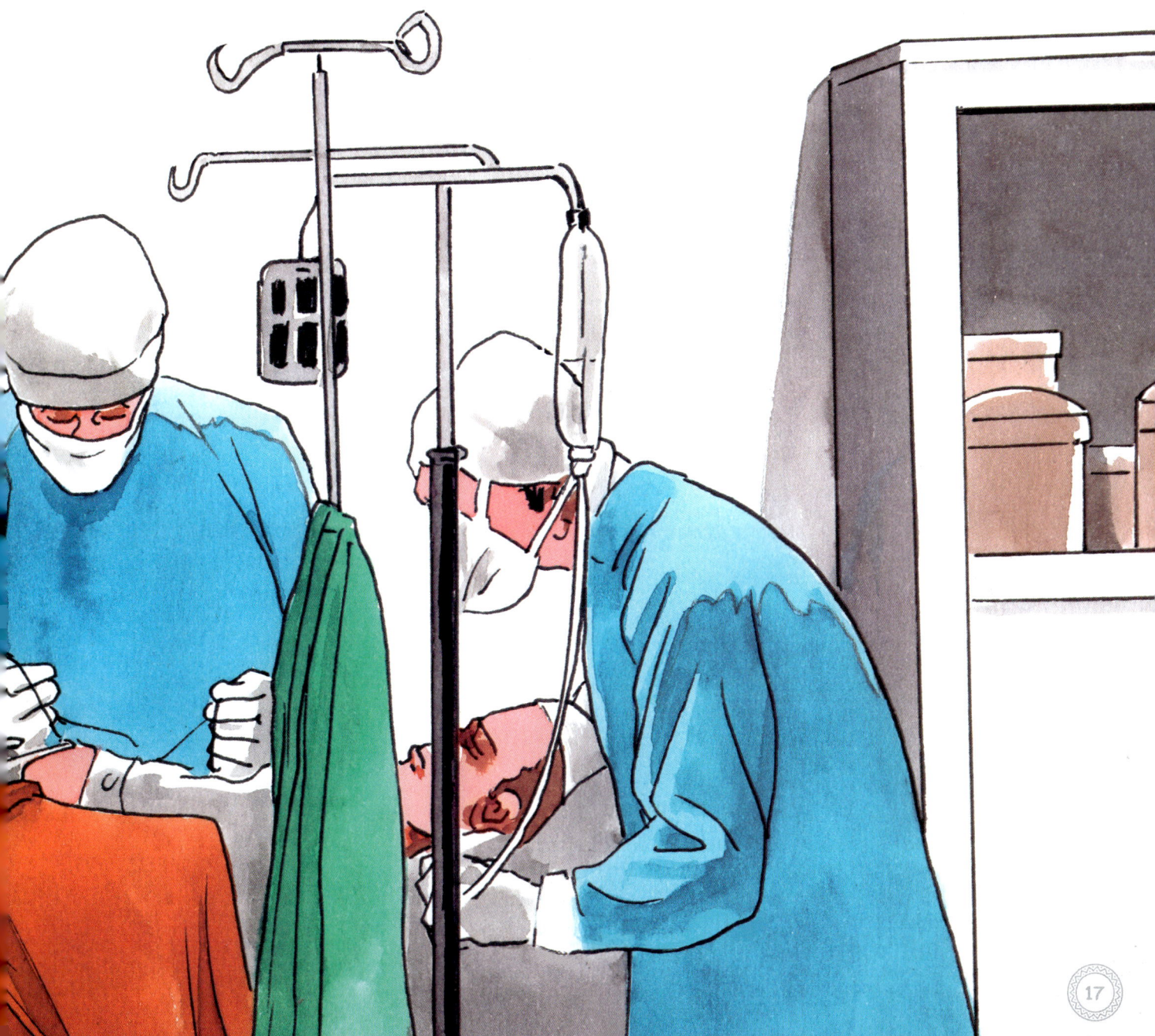

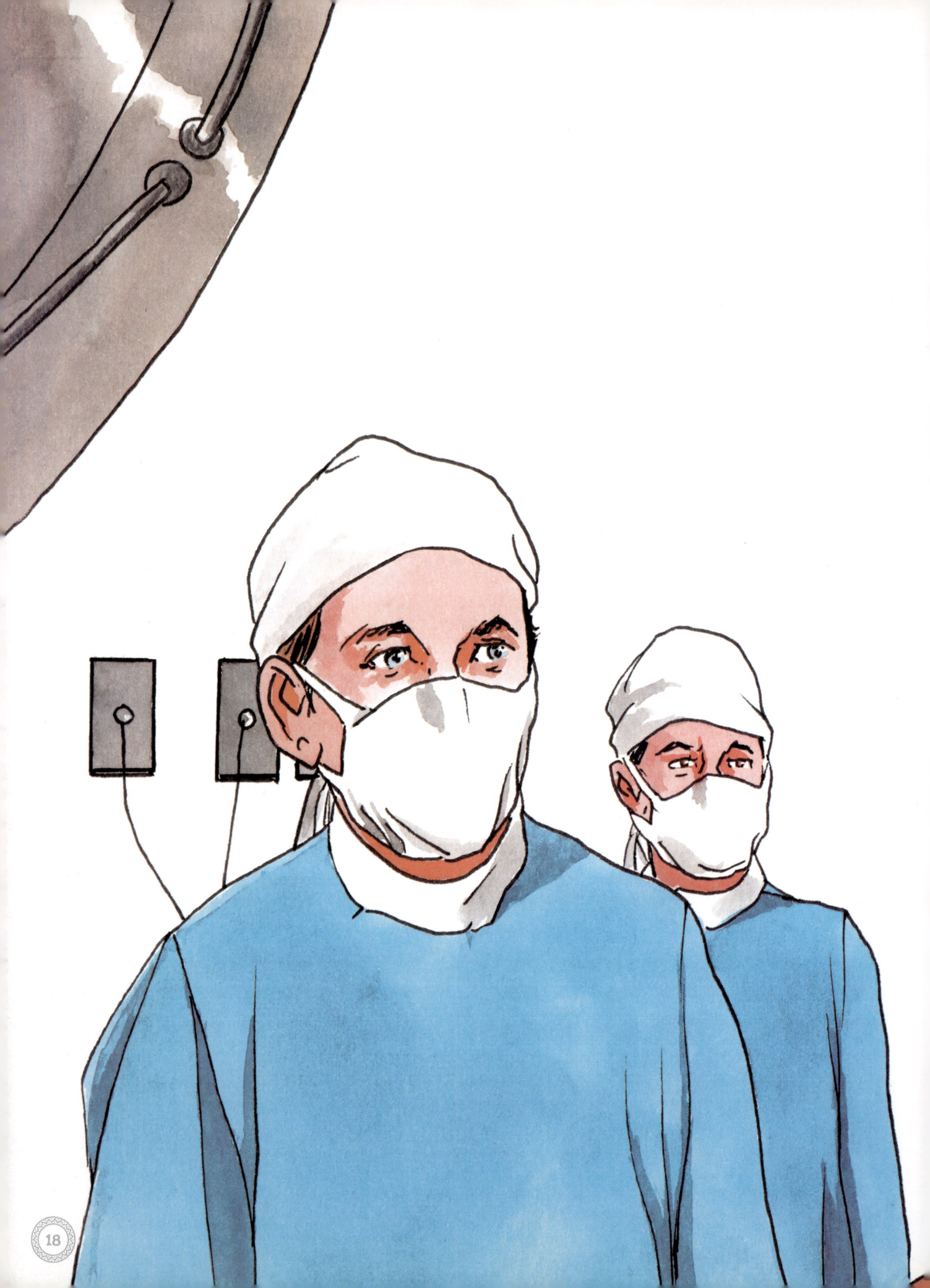

Depois de horas na sala de cirurgia, suas mãos treinadas fizeram um trabalho perfeito. Na sequência, o restante da equipe implantou o coração em Louis Washkansky, que recobrou a consciência e viveu por 18 dias com o coração da doadora. Apesar de o paciente ter falecido por pneumonia, a cirurgia foi considerada um sucesso.

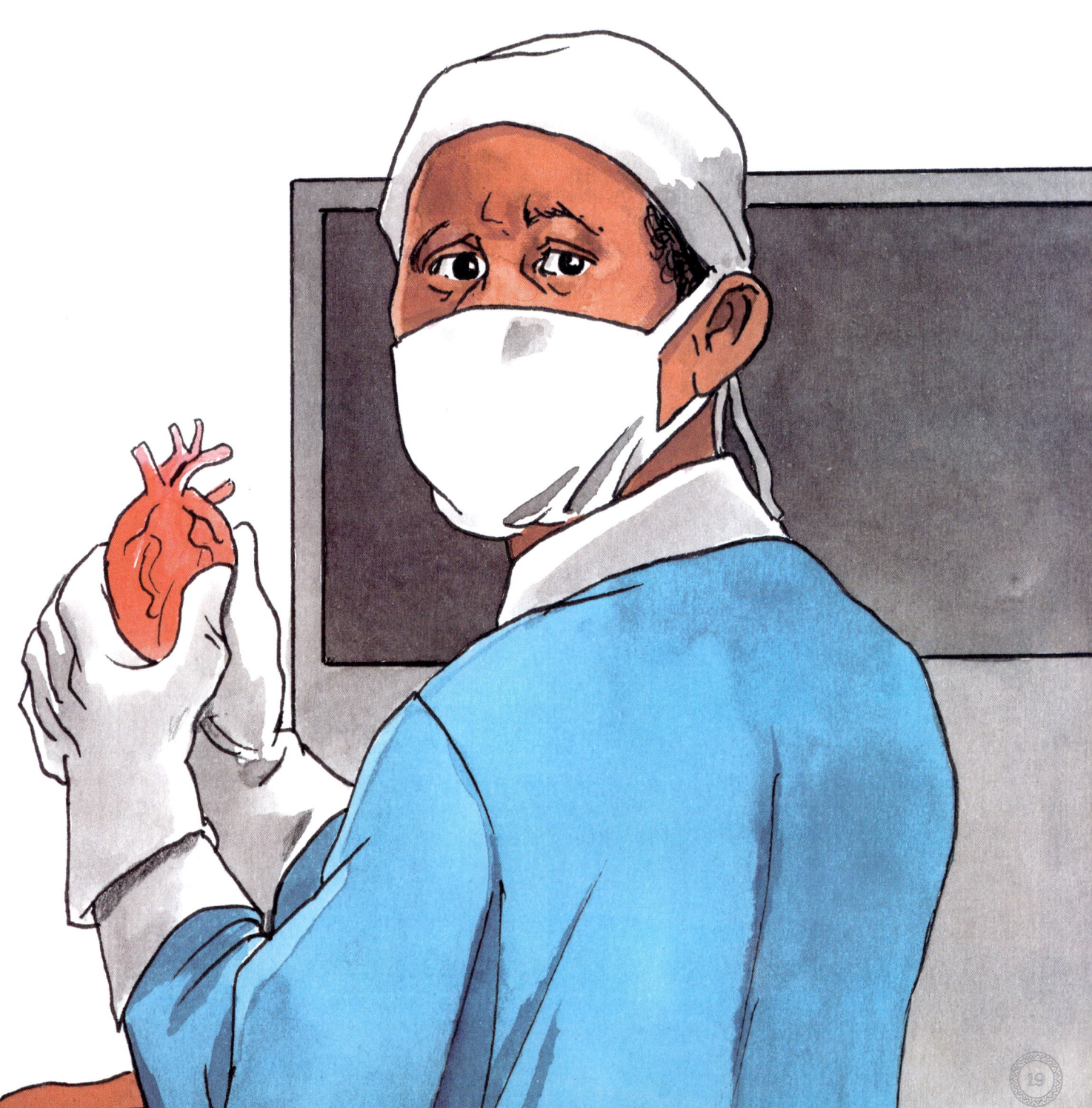

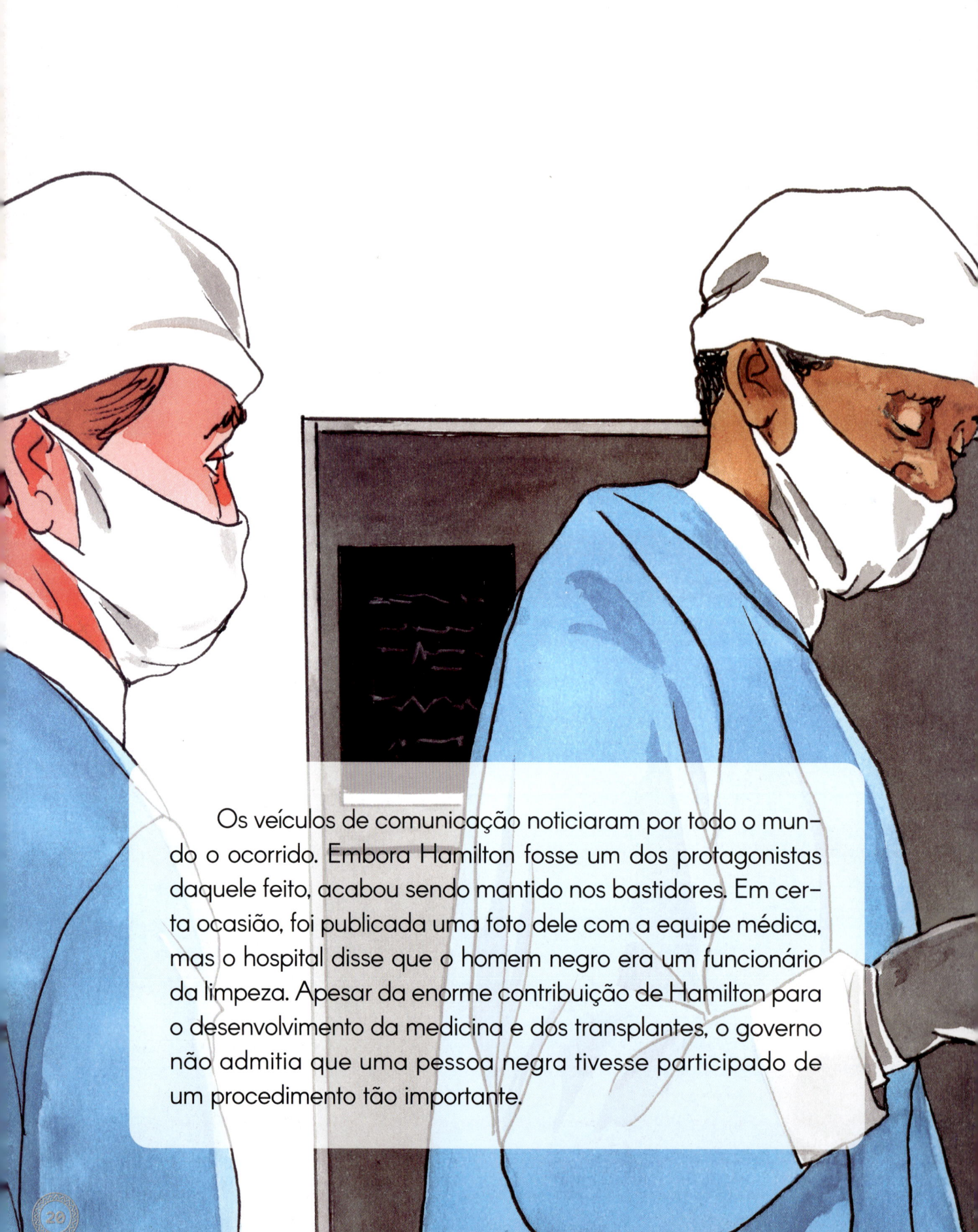

Os veículos de comunicação noticiaram por todo o mundo o ocorrido. Embora Hamilton fosse um dos protagonistas daquele feito, acabou sendo mantido nos bastidores. Em certa ocasião, foi publicada uma foto dele com a equipe médica, mas o hospital disse que o homem negro era um funcionário da limpeza. Apesar da enorme contribuição de Hamilton para o desenvolvimento da medicina e dos transplantes, o governo não admitia que uma pessoa negra tivesse participado de um procedimento tão importante.

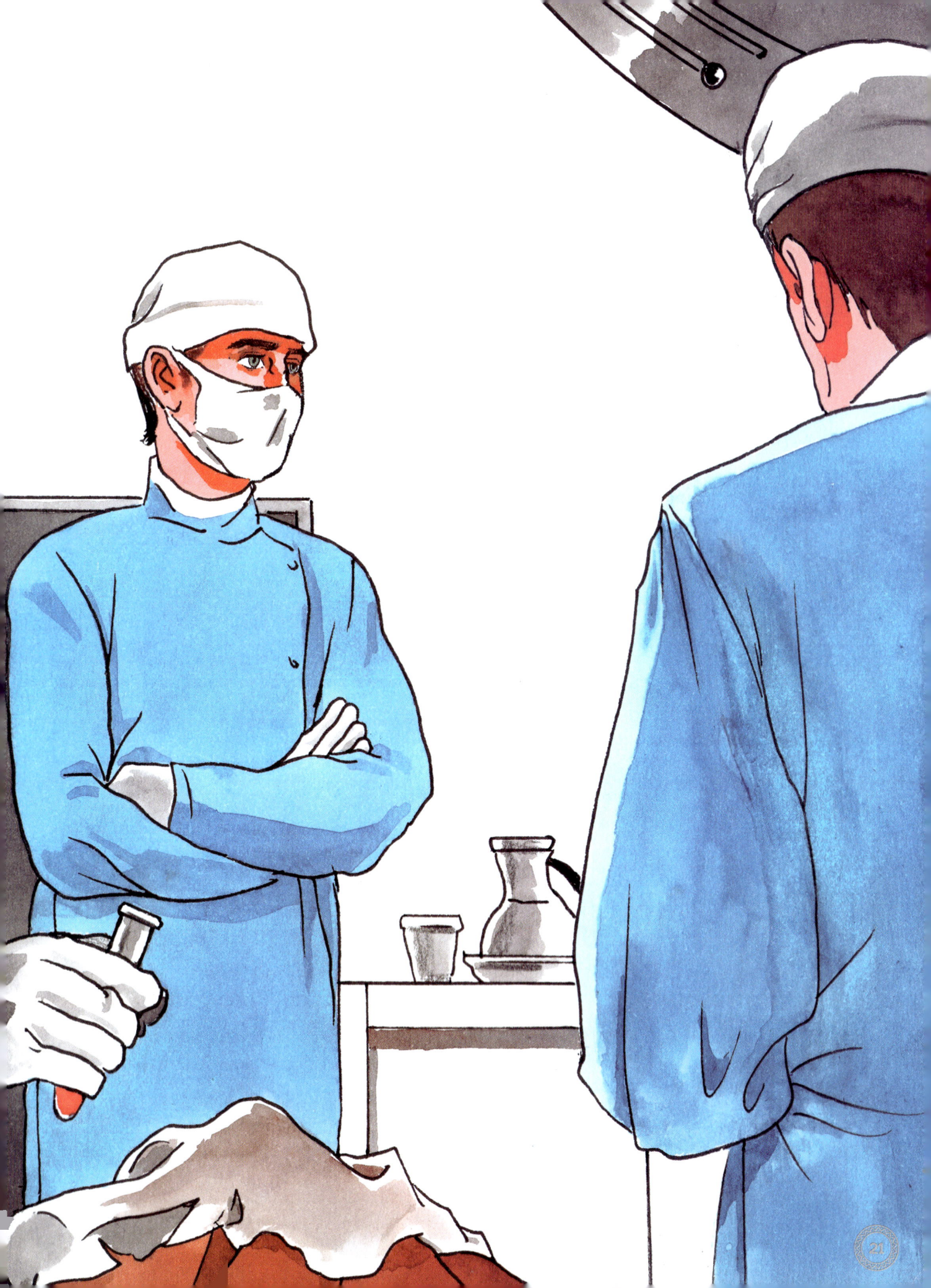

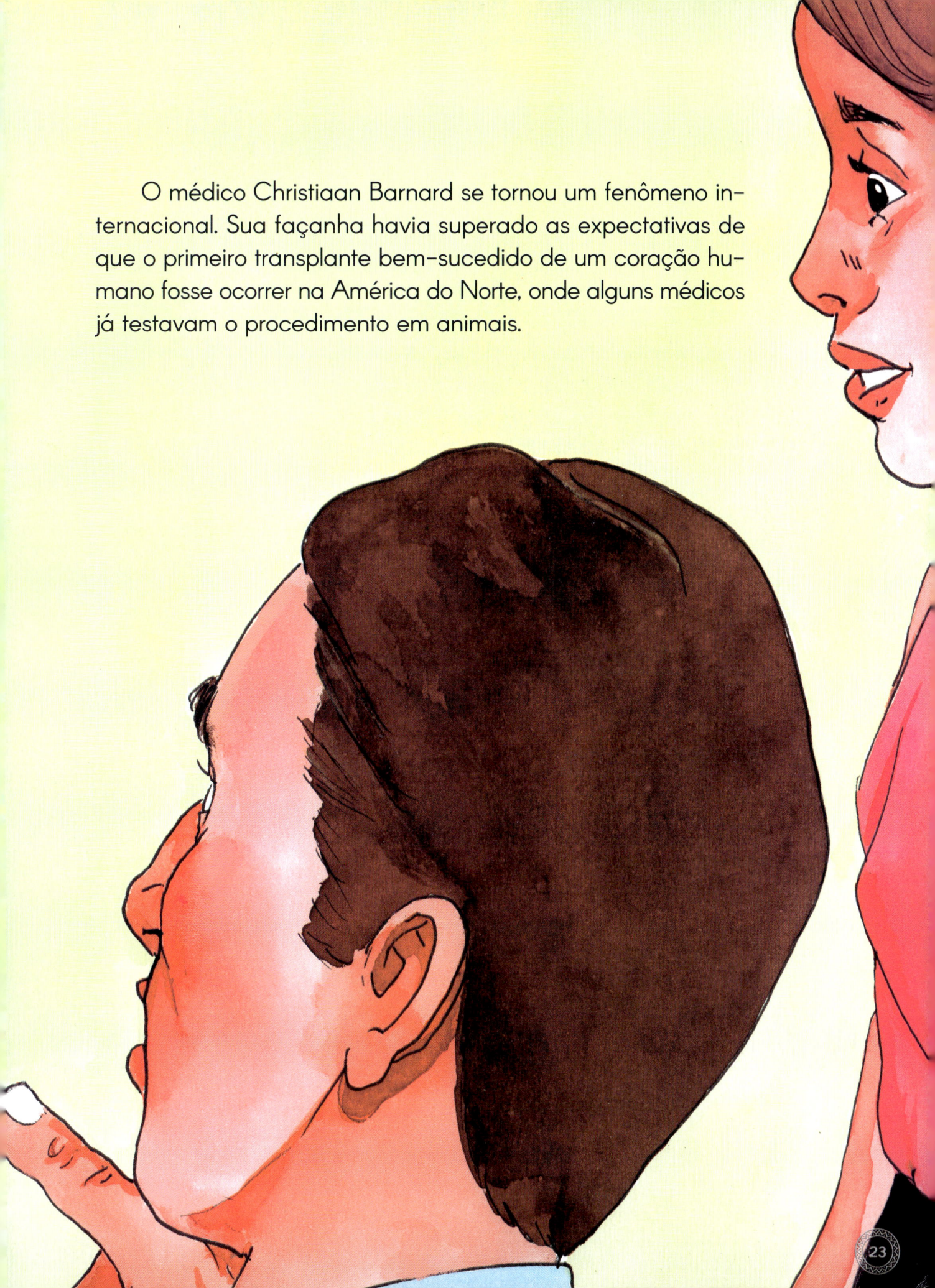

O médico Christiaan Barnard se tornou um fenômeno internacional. Sua façanha havia superado as expectativas de que o primeiro transplante bem-sucedido de um coração humano fosse ocorrer na América do Norte, onde alguns médicos já testavam o procedimento em animais.

Como a atuação de Hamilton era proibida, não existem documentos oficiais que comprovem a sua participação na cirurgia. Mas não há dúvidas de sua enorme contribuição. Em diversas entrevistas, depois do fim do *Apartheid*, Christiaan Barnard declarou que Hamilton foi o melhor e mais habilidoso cirurgião que ele conheceu na vida.

Hamilton foi casado com Joyce e teve cinco filhos, quatro meninos e uma menina. Depois de 40 anos de trabalho na Faculdade de Medicina, o cirurgião parou de operar em 1991. Ele voltou a receber um valor inferior ao que recebia como técnico de laboratório.

Hamilton vivia em uma casinha simples, sem energia elétrica nem água encanada. Mesmo aposentado, continuou a exercer sua profissão em um ônibus adaptado para funcionar como uma clínica móvel.

Em 1994, o regime racista do *Apartheid* chegou ao fim e Nelson Mandela foi eleito presidente da África do Sul. Mandela defendia a igualdade de direitos para todas as pessoas. Assim, a história do cirurgião pôde vir à tona, e Hamilton se tornou famoso no mundo inteiro.

Em 2002, ele foi condecorado com a Ordem Nacional de Mapungubwe, a mais alta honraria por contribuição à ciência, em reconhecimento ao seu trabalho e às suas pesquisas. No ano seguinte, recebeu o título de médico honorário pela Universidade da Cidade do Cabo.

Hamilton Naki morreu em 29 de maio de 2005, aos 79 anos. Mesmo vivendo em um momento de extremo preconceito e de poucas oportunidades para um homem negro, o cirurgião conseguiu se tornar um pioneiro na medicina. Em 2007, a Universidade da Cidade do Cabo o homenageou, colocando seu nome em um programa de bolsas de estudo integrais para estudantes da área da saúde.

Sua vida também foi tema do documentário "Hidden Heart", lançado em 2008 e dirigido por Werner Schweizer e Cristina Karrer. O filme busca recontar a história do primeiro transplante bem-sucedido de um coração humano.

Desde 2015, a Fundação Nacional de Pesquisa da África do Sul realiza o Prêmio Hamilton Naki, que é destinado a pessoas que fazem pesquisas importantes, mesmo em condições desafiadoras. Outra homenagem ocorreu em 2017, quando uma praça localizada na Cidade do Cabo, próxima do Hospital Christiaan Barnard, passou a se chamar Hamilton Naki Square.

Sua trajetória nunca foi esquecida, servindo de inspiração para muitos jovens negros, em especial para aqueles que sonham em se tornar médicos e salvar vidas.

Querido leitor,

A editora MOSTARDA é a concretização de um sonho. Fazemos parte da segunda geração de uma família dedicada aos livros. A escolha do nome da editora tem origem no que a semente da mostarda representa: é a menor semente da cadeia dos grãos, mas se transforma na maior de todas as hortaliças. Nossa meta é fazer da editora uma grande e importante difusora do livro, transformando a leitura em um instrumento de mudança na vida das pessoas, desconstruindo barreiras e preconceitos. Entre os principais temas abordados nas obras estão: inclusão, diversidade, acessibilidade, educação e empatia. Acreditamos que o conhecimento é capaz de abrir as portas do pensamento rumo a uma sociedade mais justa. Assim, nossos valores estão ligados à ética, ao respeito e à honestidade com todos que estão envolvidos na produção dos livros e com os nossos leitores. Vamos juntos regar essa semente?

Pedro Mezette
CEO Founder
Editora Mostarda

EDITORA MOSTARDA
www.editoramostarda.com.br
Instagram: @editoramostarda

Francisco Lima Neto, 2022

Direção:	Pedro Mezette
Coordenação:	Andressa Maltese
Produção:	A&A Studio de Criação
Revisão:	Beatriz Novaes
	Elisandra Pereira
	Marcelo Montoza
	Mateus Bertole
	Nilce Bechara
Diagramação:	Ione Santana
Ilustração:	Aline Terranova
	Anderson Santana
	Bárbara Ziviani
	Eduardo Vetillo
	Felipe Bueno
	Henrique HEO
	Henrique Pereira
	Jefferson Costa
	Kako Rodrigues
	Leonardo Malavazzi

Dados Internacionais de Catalogação na Publicação (CIP)
(Câmara Brasileira do Livro, SP, Brasil)

Lima Neto, Francisco
  Hamilton : Hamilton Naki / Francisco Lima Neto ; ilustrações Eduardo Vetillo. -- 1. ed. -- Campinas, SP : Editora Mostarda, 2022.

  ISBN 978-65-88183-87-8

  1. Cirurgião - África do Sul - Literatura infantojuvenil 2. Naki, Hamilton, 1926-2005 - Biografia - Literatura infantojuvenil I. Vetillo, Eduardo. II. Título.

22-132491 CDD-028.5

Índices para catálogo sistemático:

1. Hamilton Naki : Biografia : Literatura infantojuvenil   028.5
2. Hamilton Naki : Biografia : Literatura juvenil   028.5

Cibele Maria Dias - Bibliotecária - CRB-8/9427

Nota: Os profissionais que trabalharam neste livro pesquisaram e compararam diversas fontes numa tentativa de retratar os fatos como eles aconteceram na vida real. Ainda assim, trata-se de uma versão adaptada para o público infantojuvenil que se atém aos eventos e personagens principais.